LE PECHEUR

CONVERTI

OU L'IDE'E D'UN

VERITABLE PENITENT

REPRESENTE'

EN LA

ET

LA MORT

DE MONSIE

JAC. FR. JOGUES

DE BOULAND

Dans une Lettre écrite à une de ses Nieces Religieuse Vrsuline.

A ORLEANS,
Chez François Boyer, ruë
Sainte Catherine.

Avec Approbation & Permission.

(1696.)

M

C'EST avec plaisir que je repond a ce que vous desirés de moy de de vous tracer en Abregé un portrait des vertus de feu Mr Jogues de Bouland vôtre proche Parent & mon bon Amy. Il est juste de faire revivre en quelque maniere ceux que nous souhaiterions qui vécuffent toujours parmi nous, j'efpere que vous ne trouverés point mauvais que je rappelle icy d'abord une partie des dereglements de fa jeuneffe, ne pouvant parler de fes vertus, fans dire quelque chofe de fa mauvaife conduite, afin de vous faire voir fa fidelité aux graces qu'il a reçûes de Dieu. Je ne pretens pas neanmoins m'eriger en Cenfeur & vous faire un détail de tous fes pechez que je croy que Dieu luy a pardonné, puis qu'il nous promet d'oublier tous nos pechés, fi tôt que veritablement penitens nous retournons fincerement à luy. C'eft fans doute le bonheur dont jouit Mr de Bouland dans le féjour de la gloire, ou nous croyons que Dieu a bien voulu le placer, aprés avoir fait penitence sans aucun relâche pendant 25. années , afin de satisfaire à la Justice de Dieu pour tous ses dereglements passés.

Ne croyés pas M. que tout ce que je vous écriray diminuë en aucune maniere la gloire de ce fidele Serviteur de Dieu, tout ce que je vous rapporterai est connu de tous ceux qui vivoient de ce tems-là. Bien loin de diminuer l'estime qu'ils ont conçûë pour sa vertu, ils admireront aussi bien que tous les autres la fidelité qu'il a euë de correspondre aux graces dont Dieu l'à bien voulu favoriser depuis sa conversion , qui a été sans doute toute miraculeuse. Vous excuserés , s'il vous plaît les fautes que vous y pourrés trouver : il auroit fallu une personne plus habile pour travailler sur un si digne sujet , mais vous sçavez que je ne l'ay entrepris que sur les instantes prieres que vous m'en avés faites, quelque inclination que j'eusse d'aillieurs à procurer à mon amy la gloire & les louanges que meritent ses vertus.

Le degré de parenté que vous aviés avec feu Monsieur Jacques François Jogues de Bouland me dispense de vous dire qu'il est né à Orleans l'an 1637. je ne vous diray pas non plus qu'il étoit d'une famile de tres-riches Bourgeois qui se sont toujours fort distingués par leur grandes vertus, qui les ont élevés dans toutes les charges d'honneur de la Ville; vous sçavés aussi bien que moy les grandes aumônes qu'ils ont faites, qui ont attiré sur eux les benedictions du Ciel; mais je vous diray ce qui n'est pas peut-être venu à vôtre connoissance, c'est que son Pere & sa Mere, n'ayant que luy de Fils, l'éleverent avec grande tendresse, & souffrirent par malheur, non-obstant le soin qu'il prirent de son education, qu'il vêcût, quand il fut un peu avancé en âge, d'une maniere, qui le fit suivre tous les mouvemens d'une nature corrompuë. Il n'eut d'affection que pour tout ce qui s'appelle plaisir parmi les libertins, la somptuosité des habits, l'amour de la bonne chere, l'affection demesurée pour le jeu, l'entrainerent facilement dans ce qu'on appelle le grand monde : ainsi frequentant toutes les compagnies des jeunes débauchés, il tomba insensiblement dans de si grands égaremens, qu'il sembloit avoir oublié sa Religion, & ne penser plus à Dieu ny à son salut. Il étoit tombé dans un tel

excés de débauches, qu'il paroiſſoit n'a-
voir pas de plus grand plaiſir, que de
jurer & blaſphemer le Saint Nom de
Dieu ; de ſorte que les plus libertins en
avoient horreur, & le fuyoient autant
qu'ils avoient auparavant recherché ſa
compagnie, perſonne n'a jamais paru
plus emporté qu'il étoit au jeu, ou il a
perdu plus de 60000. livres, il y paſſoit
les jours & les nuits, & auroit continué dans cette malheureuſe paſſion, que
les gens du monde ne quittent ordinairement qu'avec la vie, ſi Dieu qui l'a-
voit choiſi pour en faire un de ſes Elûs
ne l'avoit par ſa miſericorde retiré du
deſordre ou ſes paſſions l'avoient entraîné.

Mr de Bouland à vêcu pluſieurs années comme un impie ſans approcher
des Sacrements, & même ſouvent ſans
entendre la Sainte Meſſe les Dimanches
& les Fêtes, & quand il l'entendoit c'é-
toit toujours ſans aucune pieté ny devotion ; ſes paſſions étoient trop vives,
& il ne ſe ſentoit point encore aſſés
de forces pour les quitter. Il aimoit
mieux ſe priver de ces grands biens que
Jesus-Christ nous a laiſſé ſur la terre
pour nôtre ſanctification, que de ſe faire

la violence qui eſt neceſſaire pour s'en approcher dignement. Il feroit à ſouhaiter que ces ſortes de pecheurs qui avalent l'iniquité comme l'eau & qui ſont ordinairement les plus empreſſés à Communier à la Fête de Pâques, ſe ſoumiſſent ſans aucun murmure aux ſages avis que leurs donnent de charitables Confeſſeurs de differer quelque tems leur communion juſqu'à ce qu'il ayent travaillé à dompter leurs paſſions & a rompre leurs mauvaiſes habitudes afin d'avoir les ſaintes diſpoſitions que Dieu demande de nous : ils n'ajouteroient pas ſouvent à leurs pechés des ſacrileges, qui ſont la cauſe de l'endurciſſement de leur cœur.

Mr Jogues ſe voyant rebuté de ſes meilleurs amis, & voulant eviter les reproches continuelles de ſa Famille qui le preſſoit de changer de conduite alla demeurer à Paris afin d'être en liberté, pour mieux vivre dans le libertinage, ne pouvant ſouffrir d'ailleurs les avis d'un Pere charitable, qui faiſoit, mais trop tard, ce qu'il auroit dû faire dans un âge moins avancé. C'eſt un defaut aſſé ordinaire aux Peres & Meres, de ne ſe mettre pas beaucoup en peine de corriger leurs enfans, principalement quand ils en ont peu, & qu'ils font jeunes : l'amour aveugle qu'ils ont pour eux les empéche de les contrifter ; & croient qu'ils en viendront toujours à bout quand il leur plaira. L'experience neanmoins devroit leur avoir apris, qu'il n'y a point d'enfans plus infolents envers les Peres & Meres que ceux qu'une fauffe tendreffe à empêché de corriger dans un âge, ou l'on pouvoit leur donner de l'amour pour la vertu, & de l'averfion pour le vice.

Le Pere de Mr de Bouland voulut pour retirer fon Fils des compagnies du monde, luy procurer un emploi, il luy acheta pour cet effet la charge de Préfident de l'Election d'Orleans : l'ambition qui eft ordinairement la paffion des jeunes gens en auroit fans doute flaté tout autre que luy : l'honneur d'être le chef d'une compagnie compofée de perfonnes de merite auroit pû enfler le cœur de Mr de Bouland, fi la vie molle & oifeufe qu'il avoit menée jufqu'icy, joint à l'ardeur qu'il avoit toujours pour le jeu, ne luy eût fait quitter & vendre cette charge pour retourner à Paris, afin de trouver mieux à satisfaire a toutes fes paffions.

Il retourna donc à Paris tout occupé des plaifirs ou il étoit plongé depuis fi long-tems. Mais Dieu qui a fes momens, & aux ordres duquel rien ne peut refifter, penfoit à rappeller cette breby égarée, qui ne penfoit point encore en luy, fon Pere tomba malade de la maladie dont il mourut. Auffi-tôt les parens écrivirent à Mr de Bouland, qu'il n'eut pas plû-tôt appris cette trifte nouvelle qu'il vint en pofte à Orleans. En arrivant il fe jetta fur le col de fon Pere, & luy de-manda pardon de tout le chagrin qu'il luy avoit donné. Ce bon Vieillard déja tout mourant, eut neanmoins encore affé de force pour vaincre fa tendreffe Paternelle, afin de donner à fon Fils, tous les avis falutaires, qu'il croioit luy être neceffaires. Ce fut alors qu'il luy dit, mais d'un ton ferme & genereux, qu'il eut à fe retirer, qu'il ne le con-noiffoit plus pour fon Fils, ne croyant pas que Dieu l'eut abandonné jufqu'à ce point, que de luy donner un Fils auffi impie & libertin que celuy qui l'appel-loit fon Pere, qu'il ne le reconnoîtroit ja-mais tant qu'il feroit mal avec Dieu. C'eft icy ou le cœur de Mr de Bouland commença à s'emouvoir , agité neanmoins de differentes manieres, & peut-étre plus de perdre une grosse succession que son salut. Tout inquieté, il fût chercher le Pasteur de son Pere , qui vint aussitôt , pour tâcher d'apaiser ce Pere justement irrité , mais qui ne voulut rien relâcher , qu'on ne l'eût certifié qu'il s'étoit confessé. Je vous laisse à penser dans quels troubles étoit l'esprit de Mr Bouland , il resolut neanmoins d'aller chercher un Confesseur , son Pere en ayant eu avis , tout accablé qu'il étoit, plus neanmoins des pechez de son Fils , que de la fiévre qui brûloit son corps, la joye sur le visage, & l'amour dans le cœur , l'embrassa avec tendresse comme le Pere de la parabole de l'Enfant prodigue. Qu'il faisoit beau entendre les sages conseils de ce Pere à la fin de sa vie ? qui comme un autre Tobie luy disoit, mon Fils servez le Seigneur , dans la verité & travaillés à faire ce qui luy est agreable. Rien n'étoit plus capable de toucher un cœur endurci que ces paroles tendres & amoureuses. Cela en effet ébranla un peu Mr de Bouland , aussi bien que la mort qui enléva bien-tôt apres ce vertueux Pere.

Il prit donc quelque resolution de changer de conduite , mais foiblement , car
peu de tems aprés étant retourné avec
ses anciens amis , ses passions se reveil-
lerent , & s'abandonna encore au jeu
plus fortement qu'il n'avoit fait. Dans
la crainte neanmoins qu'il eut de tomber dans le malheur ou sont reduits ordinairement ceux qui jouent , de perdre
tout leur bien, & d'être dans la derniere
des miseres , ayant un jour gagné dans
Paris une somme tres-considerable , il
s'assura une rente viagere de 500. livres
sur la banque de Lyon. Il prit un équi-
page pour revenir à Orleans.   Mais
ayant rencontré en son chemin à deux
lieuës de Paris quelques-uns de ses amis
il le firent retourner avec eux, & dés le
même jour il alla jouër & perdit tout ce
qu'il avoit gagné, & fut trois jours couché sans vouloir manger , tant il étoit
au desespoir de cette perte.

Dieu qui a mis des bornes à la Mer,
& l'empêche d'innonder la terre dans
ses plus grandes tempêtes, par un grain
de sable, ou il veut qu'elle s'arrête , ar-
rêta tout d'un coup cet homme si agité
& si troublé de differentes passions, une
maladie le reduisit aux portes de la mort,

& déja le Demon fe rejouiffoit de cette proye, lors que Mr Huguet fon beau Frere dont la Famille eft fort connuë au Parlement de Paris, vint auffi-tôt d'Or-leans, afin de luy procurer les fecours dont il avoit befoin, & beaucoup plus ceux de l'ame que du corps, comme Mr de Bouland l'a dit depuis ce tems-la à fes amis, qu'il luy étoit beaucoup rede-vable. L'état deplorable dans lequel il avoit vêcu, faifoit tout apprehender pour ce libertin, il fit venir neanmoins un Confeffeur, & reçût le S. Viatique & l'Extreme-Onction avec pieté, prote-ftant hautement de ne jouër jamais, afin d'éviter les blafphemes qu'il proferoit contre Dieu dans fes emportemens. Etant venu en convalefcence, auffi-tôt on le ramena à Orleans, & demeura pendant un an chez fon beau Frere fans jouër. On commençoit déja à admirer ce changement, mais il ne put encore s'empêcher d'aller dans les Academies ou s'affemblent les joueurs, il eft vray qu'il fe contenta alors de voir jouer les autres : mais comme il eft dangereux de fe rencontrer dans les lieux, ou l'on trouue l'objet de fes paffions. Mr de Bouland fe trouva un jour preffé par

fes

ſes anciens amis qui le ſolliciterent fortement à jouer , il ſuccomba à la ten-
tation , & perdit ce ſoir-là quatre à cinq
cent piſtoles , perte qui le fit tomber
dans tous les excés que la furie d'un
homme emporté & de ſon temperament
peut produire , briſant & caſſant tout
ce qu'il trouvoit ſous ſes mains , perte
encore un coup, qui le fit retourner en
ſa maiſon comme un furieux , maltrai-
tant ſon Valet , & renverſant tout ce
qu'il rencontroit ; ce fut là neanmoins
le moment, ou Dieu toucha veritablement ſon cœur & luy donna ſa grace
pour le convertir entierement. En effèt
cet homme qui s'étoit couché comme
un Lion furieux, ſe leva le matin doux
comme un Agneau. Ce changement parut ſi viſiblement, que comme un autre S. Paul renverſé par terre, il cher-
cha auſſi-tôt tous les moyens de s'inſtruire pour devenir un veritable Chrétien. Dès ce matin la il pria Madame
Huguet ſa Sœur de vendre tout ce qu'il
avoit de precieux pour payer la ſomme
qu'il avoit perduë , ſe depouïlla entierement de tous ſes habits ſomptueux &
magnifiques & ſe revêtit d'un habit ſim-
ple & modeſte , afin de renonçer par-

faitement au monde pour se donner tout
à Dieu ; il renonça à la compagnie de
ses anciens amis, s'associa avec quelques
personnes de pieté pour le soutenir &
l'ayder a faire de bonnes œuvres qui
pussent satisfaire à la Justice de Dieu
pour tous ses crimes passez , & attirer
sur luy ses graces & ses misericordes.
L'on peut dire assurement que depuis
ce moment jusqu'à sa mort il a passé
25. années dans une vie tres penitente
& laborieuse , sans avoir jamais fait un
seul pas en arriere.

C'étoit une chose admirable de le
voir dans ces commencemens plein
d'ardeur & de ferveur pour procurer la
gloire de Dieu & soulager son prochain
il accomplissoit veritablement ces deux
preceptes qui renferment toute la Loy
& les Prophetes ; il se mit au dessus de
ce maudit. Que dira t'on ? qui empêche
souvent un grand nombre de personnes de se convertir. Ce Phantôme s'é-
vanouit de devant ses yeux. Il se disoit
au contraire à soy-même que dira Dieu?
quand je paroîtray devant luy si je ne
suis pas fidele à sa grace , & aux pro-
messes que je luy ay faites ? que pour-
ray-je luy repondre ? si je n'ay pas ac-

comply ſes divins Commandemens ; en effet ce fut alors qu'on le vit paroître ſans aucun reſpect humain dans tous les lieux de pieté, & entrer dans toutes les œuvres de charité ! O grace de mon Dieu, que vous êtes admirable ! que vos attraits ſont doux ! que vos charmes ſont forts ! puis qu'on voit celuy qui ſembloit vous fouler aux pieds ſe trouver heureux d'être vôtre eſclave : ce captif du Demon voit ſes chaines rompuës, & ſe trouve en la liberté des Enfans de Dieu, & plus il avoit ſcandalizé ſes concitoyens par ſa vie dereglée, plus ils ont été édifiez par les demarches que vous luy avez fait faire, afin d'être entierement uni à Dieu.

Afin donc de commencer à ſatisfaire à la Juſtice de Dieu pour ſes crimes paſſez, il embraſſa la penitence ſous la conduite d'un ſage & prudent Directeur, non pas à la verité en ſe couvrant de ſac & de cendre, & en ſe ſervant de ces inſtruments de mortification, qui abattent quelque fois le corps, ſans mortifier l'eſprit, on a trouvé neanmoins une teinture de fer parmi ſes hardes, s'il s'en eſt ſervi perſonne n'en a eu connoiſſance : il commença par la retraite du

monde, & s'atacha fortement à la priere, à la lecture des bons livres, & à la
meditation des saintes maximes de l'E-
vangile de Jesus-Christ : les livres de
Grenade & de Mr de Berniere luy ont
beaucoup servi pour ce sujet. Il alloit
sans cesse au pied des Autels pour pleurer ses pechez, tout couvert de honte &
de confusion d'avoir si long-tems offencé un Dieu qui avoit tant de bonté &
de misericorde pour luy. Semblable a ce
Roy penitent il rappelloit souvent dans
l'amertume de son cœur la memoire
du grand nombre de ses pechez , c'est
ce qu'il a continué jusqu'à la mort. Il
se consideroit toûjours comme le plus
grand pecheur qui eût été sur la terre,
c'est ce qu'il me dit encore deux jours
avant sa mort voulant le consoler sur
le bonheur qu'il avoit à esperer dans la
patience que Dieu luy donnoit au mi-
lieu de tous les maux qu'il souffroit.
L'on peut dire sans exagerer qu'il
a pratiqué depuis vingt-cinq ans
sans aucune interruption toutes les vertus Chrétiennes autant que la foiblesse
humaine pouvoit luy permettre, au moins
il est certain qu'il étoit tellement chan-
gé qu'il paroissoit veritablement sembla-

ble à ces enfans auſquels Jesus-Christ veut que nous reſſemblions pour entrer dans le Royaume des Cieux.

L'humilité qui eſt la premiere & le fondement de toutes les vertus Chrétiennes, comme nous l'enſeigne Saint Auguſtin, étoit la vertu que tout le monde a reconnuë en luy, non ſeulement il ſe conſideroit comme le dernier de tous les hommes, mais comme le premier de tous les pecheurs, il deferoit ſes ſentimens à ceux de tous les autres, bien loin de chercher les premieres places dans les lieux ou il étoit obligé de ſe trouver, il y tenoit toujours le dernier rang.

Voicy un action qui juſtifiera parfaitement ce que je vous écris de ſon humilité, je l'ay appriſe des perſonnes dignes de foy, quelques jours avant ſa converſion étant allé chez un Traiteur d'Orleans pour y regaler trois ou quatre de ſes amis ou il leur donna un repas de ſix Louis, à la fin du repas il voulut obliger la Maitreſſe du logis à luy donner des dez pour joüer, mais comme elle connoiſſoit ſes emportemens au jeu, elle ne voulut point luy en donner quelque inſtance qu'il put faire, il la menaça avec des ſermens execrables qu'il ne payeroit point la dépenſe, mais elle demeura ferme dans ſa reſolution, plût à Dieu que toutes les perſonnes de ce méme mêtier puſſent l'imiter de ne point donner à jouër dans leurs maiſons! il ſortit en effet ſans payer, & ne la point fait qu'aprés ſa converſion, ou il retourna chez ce Traiteur le payà & ſe jetta à ſes pieds fondant en larmes pour luy demander pardon du ſcandale qu'il avoit fait dans ſa maiſon par ſés juremens & ſes blaſphemes, peut-on voir une action plus humble pour une perſonne de ſa condition, & qui ſoit une meilleure marque de la ſincerité de ſa converſion.

Voicy encore un autre action qui n'eſt pas moins admirable pour ne pas dire quelque choſe de plus, mais qui ſurprendra aſſurement ceux qui l'ont connu, on ſçait aſſéz quelle étoit ſa delicateſſe & l'averſion qu'il avoit pour les perſonnes qui avoient quelque playe ſur leurs corps, cependant étant allé à Auxerre peu de tems aprés ſa converſion afin d'y reparer le ſcandale qu'il y avoit cauſé avant ſon changement, il y parut dans une pieté & une modeſtie qui edifierent tous ceux qui l'avoient connu,

mais pour vaincre ſa delicateſſe, d'Auxerre, il alla par une veritable devotion à ſainte Reine, & ce fut la ou il
rencontra des objets capables de donner
de l'horreur aux plus vertueux, on ſçait
aſſez que c'eſt dans ce ſaint lieu ou les
pauvres qui ſont ordinairement, couverts
de Galle & de Teigne qui ſont les
maux qu'on a même peine à voir & à
nommer, vont pour être gueris, c'eſt-là
dis-je, ou l'on trouve un grand nombre
de ces pauvres affligez, il voulut donc
pour ſe ſurmonter luy - même boire de
l'eau de la fontaine avec eux & dans le
même vaiſſeau ſans aucune diſtinction,
il fit plus, car il reſta quelques ſemaines
dans ce lieu ou dans l'hopital il prit un
ſoin merveilleux de les ſecourir en tout
ce qu'il put, leur lavant luy-même le
corps & frottant avec ſes mains leurs
têtes, afin de détruire entierement tout ce
qui auroit pu flater ſes ſens, jugez aprés
cette action ſi ſa converſion n'eſt pas un
veritable miracle de la grace de Jesus-C.

Son humilité étoit accompagnée
d'une grande douceur quoy qu'il
fût d'un temperamment fort vio-
lent & tres prompt, il avoit appris
du Fils de Dieu à être doux & humble.

de cœur, & s'il a paru se mettre en colere, ce n'a été que contre le crime & le peché : dans qu'elle modeftie n'a t'il point paru dans toute fa conduite ? celuy qui affectoit de fe diftinguer par des habits les plus fomptueux & les plus magnifiques ne paroît plus qu'avec des habits femblables a ceux d'un fimple artifan. Quelle pieté n'a t'il point fait paroître dans nos Eglifes foit pendant l'Office divin, foit en autre tems ? il étoit dans un recueillement fi profond, qu'il fembloit que fon corps fût immobile lors qu'il offroit à Dieu un facrifice de louange, tant il étoit appliqué à la Priere & à l'Oraifon. Je vous avouë ingenuément qu'il n'y avoit rien de plus édifiant que de le voir lorfqu'il accompagnoit l'Adorable Sacrement de nos Autels dans le tems qu'on le portoit aux malades, & jamais il n'étoit expofé dans quelque Eglife qu'il n'y fut pour luy rendre fes hommages & fes adorations; s'il apprenoit qu'il y eût quelque lieu ou ce Sacrement eût été prophané, il y couroit auffi-tôt pour luy faire amande honnorable comme s'il avoit été le criminel. Sa devotion étoit tres-grande envers la Sainte Vierge Mere de Dieu,

Tous les jours il recitoit le petit Office qui a été compofé à fa loüange. Il avoit une confiance toute particuliere en fes prieres , afin d'obtenir par fon moyen les graces dont il avoit befoin. Il Communioit ordinairement tous les jours des Fêtes que l'Eglife a confacrées à fon honneur. Il n'y avoit que la maladie qui pût le difpenfer des Offices de fa Paroiffe, il en faifoit le capital de fa devotion , preferant toujours fon devoir à toutes les devotions ; c'eft la conduite que nous remarquons dans tous les vrais Serviteurs de Dieu.

Il aimoit la retraite non pas pour y mener une vie oifeufe & feneante, Mais pour eviter les écueils qu'on rencontre ordinairement dans le tumulte du monde. il n'étoit jamais dans fa maifon fans occupation , tantôt à la priere ou à la lecture des bons livres , dont il faifoit plufieurs recueils qu'il a laiffez auffi-bien que plufieurs autres écrits des bonnes refolutions qu'il faifoit aprés fes pieufes meditations. S'il prenoit quelque recreation , c'étoit une bêche à la main ou un rateau pour travailler à fon Jardin. Tout cela neanmoins n'eft rien en comparaifon de la charité qu'il avoit pour tous les pauvres aufquels il n'a jamais refufé le fecours qu'il pouvoit leur donner tant pour le fpirituel que pour le temporel. On étoit furpris des aumônes qu'il faifoit. Il avoit apris de Saint Jean que celuy-la eft un menteur qui dit qu'il aime Dieu, lors qu'il n'a point d'amour pour fon prochain. Il alloit pour ce fujet de tems en tems, vifiter les malades dans les hôpitaux pour les confoler, auffi-bien que les prifonniers qu'il tâchoit de fecourir en tout ce qu'il pouvoit. Que ne fit-il pas au commencement de fa converfion ? Le Roy ayant porté fes armes victorieufes jufques dans le fond de la Hollande d'où il envoya un grand nombre de prifonniers à Orleans, la plûpart y tomberent malades. Quoy qu'ennemis de l'Etat & proteftans de Religion il les affifta comme fes freres, & leur procura tout ce que la charité ingenieufe peut inventer, foit pour les coucher ou pour leur nourriture : encore plus pour le falut de leurs ames, faifant tous fes efforts avec les Ecclefiaftiques qui l'accompagnoient de les ramener au giron de l'Eglife dont ils étoient feparez par le malheur de leur naiffance, auffi eut il la confolation d'en voir mourir plusieurs dans le sein de la vraye Eglise. Son exemple porta plusieurs personnes à le suivre, & il n'est pas croiable jusqu'où monta la depense qu'il fit des aumônes que les Habitans de cette Ville luy mirent entre les mains. Sa charité n'étoit point bornée, il s'informoit de tout, & comme un autre Joseph dans l'Egypte il pourvoioit à tout. Il auroit souhaité être tout or pour se donner tout entier à tout le monde, tous les Dimanches aprés Vêpres il accompagnoit feu Mr François Taffin ce vertueux Prêtre si zelé pour la gloire de Dieu & le soulagement du prochain decedé le 2. Février 1694. âgé de 70. ans ou environ qui a été pendant 30. ans sans aucune interruption chaque semaine faire la priere aux prisonniers & leur donner quelques aumônes le jour qu'on y fait une exhortation. Ils alloient dans les Paroisses de S. Laurent & de Nôtre Dame de Recouvrance, ou ils visitoient six familles de pauvres honteux ou malades pour les consoler dans leurs miseres & les instruire des devoirs de la Religion, mais pour être mieux écoutés, ils leurs distribuoient l'argent que ce S. Prêtre recevoit des services qu'il rendoit à

l'Eglise, dans les fonctions de son Mi-
nistere, n'ayant jamais voulu employer
à son usage aucun argent qu'il ait gagné
à l'Eglise, vivant du bien qu'il avoit eû de
ses Pere & Mere , duquel il faisoit encore quelques aumônes.

Combien donc Mr de Bouland a t'il
soulagé de pauvres honteux par ses aumônes & celles de ses amis, il a empêché les uns de tomber dans l'indigence
en leur prêtant charitablement ce qui
leur étoit necessaire pour continuer leur
travail, s'obligeant pour les uns, em-
pruntant pour les autres, faisant apprendre des métiers à quelques-uns, &
en plaçant quelqu'autres dans de bonnes conditions : il vivoit d'une maniere
frugale , afin d'avoir dequoy faire l'aumône plus abondamment : mais si son
zele a été si grand pour soulager son prochain dans les biens temporels, sa charité à été bien plus étenduë dans le spi-
rituel.

Permettés moy s'il vous plaît de faire
icy une petite disgression elle est fort à
mon sujet , & contribuë merveilleuse-
ment à relever la gloire de Mr de Bouland. Rien n'est plus dangereux pour la
Religion , aussi bien que pour l'état,

que

que l'ignorance des hommes, c'eſt ce
qui a entraîné dans le ſiecle paſſé un ſi
grand nombre de perſonnes dans l'er-
reur de Luther, de Calvin & des autres pretendus reformateurs; & c'eſt ce-
qui fait encore aujourd'huy tant de mauvais ſujets dans les Etats, ignorans les
inſtructions que nous donne l'Ecriture
Sainte, ils ſe revoltent contre les Ordres & les Loix de leur Souverain, c'eſt
l'état malheureux ou tombent ordinairement les pauvres. L'obligation qu'ils
ont de travailler pour gagner leur vie,
les fait ſouvent negliger l'inſtruction de
leurs enfans, étans d'ailleurs peu ſoi-
gneux de les conduire aux Catechiſmes
& aux Prônes de leurs Paroiſſes, de
ſorte que, non ſeulement ils ne ſçavent
pas les devoirs de la Religion, mais ils
ignorent encore les principaux Myſte-
res de la Foy, ſans la connoiſſance deſ-
quels il eſt neanmoins impoſſible de ſe
ſauver : ainſi leurs enfans paſſans leur
jeuneſſe dans une honteuſe & criminelle
oiſiveté, s'accoûtument peu à peu à
mandier leur pain de porte en porte,
& deviennent ſi inſolens que même dans
nos Egliſes, nonobſtant les Loix Eccle-
ſiaſtiques qui le leur defendent auſſi

bien que celle des Princes & des Magi
ftrats, on les voit pendant nos plus ter
ribles' Myfteres, demander l'aumône
avec importunité, faifant l'office du De
mon, ou plutôt faifant, comme dit Ter
tullien, fur un autre fujet, ce qu'il ne
peut faire luy-même ; & empêchent par
ce moyen que les Fideles ne rendent à
Dieu les hommages & les adorations
qui luy font dûs dans ces lieux Saints.
C'eft donc leur ignorance jointe à l'oi-
fiveté qui les fait devenir vagabonds,
& les fait enfuite tomber dans toutes for-
tes de crimes & de pechez. Ce n'eft pas
icy le lieu de vous reprefenter tous leurs
defordres ; mais c'eft ce qui a fait gemir &
pleurer tous les Saints. Et c'eft pour remedier a un fi grand mal que l'incom-
parable Saint Charles le reftaurateur
de la Difcipline Ecclefiaftique, aprés
avoir étably des Seminaires pour former
de bons Prêtres, crût qu'il n'y avoit
point de meilleur moyen pour remedier
a de fi grands defordres, & apprendre à
tout le monde à faire fon falut, afin de
conferver a Dieu des ames rachetées par
le Sang de J. C. que d'établir dans toutes les Paroiffes des Ecoles de Charité,
ou l'on recût gratuitement tous les

pauvres pour être inſtruits.

C'eſt M. ſur ce grand modele que nous avons veu il n'y a pas long-tems en cette Ville feu Mr Pierre Tranchot Avocat en Parlement, *decedè en 1652.* aprés avoir vêcû dans le grand monde, entreprendre une école de Charité pour reparer le ſcandale qu'il avoit donné avant ſa converſion. Pour ce ſujet il acheta une grande maiſon proche la Porte de Saint Jean, qui eſt un quartier où il y a un grand nombre de pauvres, il y fit bâtir une fort belle Chapelle. Pour inſtruire un plus grand nombre d'enfans il prit chez luy ſon Couſin Louis Tranchot, qui étoit un homme d'une tres-grande vertu, avec une autre perſonne que l'on appelloit Frere Pierre Aubert, qui à été depuis Oeconome de l'Hôpital de Tours. Auſſi-tôt l'on vit dans ce nouvel établiſſement tous les pauvres des environs y envoyer leurs enfans, qui changerent bientôt de conduite par le ſoin qu'on prenoit de les former beaucoup plus à la pieté qu'à la lecture. On les conduiſoit à l'Egliſe pour y entendre tous les jours la ſainte Meſſe avec une modeſtie capable d'inſpirer de la devotion à tous ceux qui les voyoient,

& pour s'oppofer aux defordres qu'il y
a dans ces tems malheureux du Carna-
val, ils conduifoient ces enfans procef-
fionnellement dans toutes les Eglifes ou
le S. Sacrement étoit expofé, led. Sieur
Pierre Tranchot marchoit à leur tête
avec une grande Croix de bois qu'il
portoit, chantans par les ruës les Lita-
nies de la S. Vierge, & des Saints, pour
continuer un fi faint Oeuvre, il donna
à fon Coufin Louis Tranchot par fon
teftament olographe du 24. Octobre 1650.
depofé chez Abraham Laifné Notaire à
Orleans le 27. Aouft 1652. la maifon
qu'il avoit achetée avec tous fes autres
biens, meubles, acquefts, & la cinquié-
me partie de fes autres biens propres,
afin d'entretenir cette école pour cent
pauvres écoliers fur les certificats de
Meffieurs les Curez de leur pauvreté.
C'eft ce que le Sr Louis Tranchot a exe-
cuté jufqu'au jour de fon decés. Et pour
perpetuer ce faint ouvrage & fatisfaire
au teftament de fon Coufin Pierre Tranchot, il a par fon teftament paffé prefent Guichard Notaire à Orleans le 29.
Juin 1691. donné trois cent livres de
rente rachetable de 7000. livres a prendre fur tous fes biens, & principalement

fur la maifon dont j'ay parlé , dans laquelle école l'on doit inftruire cent pauvres enfans fur les certificats de Meffieurs les Curez pour leur pauvreté, j'ay crû que vos amis, a qui vous pourrés faire voir cette Lettre ne feront pas fachez d'apprendre tout le bien qui ce fait dans Orleans pour l'inftruction des pauvres. Cela pourra même exciter plufieurs perfonnes qui ont du zele pour la gloire de Dieu , à contribuer pour foutenir de fi faints ouvrages.

C'eft fur ces exemples que feu Mr Jogues de Bouland voulut auffi établir une école de Charité il fe retira pour ce fujet quelque tems chez Mr Louis Tranchot, afin de s'inftruire de la maniere dont fe font ces écoles , il alla enfuite à Blois trouver ce Frere Pierre dont j'ay parlé cy-devant , cet homme vertueux fut appellé à Tours pour l'établiffement des écoles de Charité. Mr de Bouland l'accompagna, & c'eft-là ou il fit encore paroître une des plus grandes actions de fon humilité , car ces Meffieurs voulurent pour bien commencer cet œuvre implorer le fecours & la grace de Dieu. Ils affemblerent pour ce fujet tous les pauvres enfans de la Ville dans une maifon, d'où ils partirent proceffionne-lement en l'Eglife Cathedrale de Tours. Ce fut la dis-je ou Mr de Bouland parut veritablement humble., portant luy même à la tête de ces enfans qui marchoient nuds pieds , une grande Croix de bois , imitant en quelque forte J. C. portant fa Croix dans la Ville de Jerufalem.

Mr de Bouland au retour de ce voyage, commença pour executer le deffein qu'il avoit formé d'une école de Charité de loüer une maifon dans la Paroiffe de S. Euverte , qui eft encore un quartier où il y a beaucoup de pauvres à Orleans , auffi-tôt fa maifon fut remplie de pauvres enfans de tout les quartiers de la Ville, & comme le but principal de ces écoles eft d'effaier à faire de bons Chrétiens , tous les jours il commen-çoit la Claffe par la Priere du matin, enfuitte leur apprenoit tous les jours deux ou trois queftions du Catechifme, avant de leur montrer à lire & à écrire, c'étoit une chofe merveilleufe de le voir inftruire ces petits enfans , il le faifoit avec une douceur, une patience, & une charité fans égale. Il les conduifoit tous les jours à la fainte Meffe, &

veilloit de telle sorte sur eux , que
rien ne luy échappoit pour les rendre
modestes dans les Eglises, d'une maniere
capable d'inspirer aux autres dans ces
saints lieux du respect & de la devotion.
C'est ce qu'il a continué jusqu'à sa mort,
il auroit même souhaité pouvoir se par-
tager dans tous les quartiers de la Ville
afin d'instruire tout le monde, aussi en-
gageoit-il ces enfans d'apprendre à leurs
parens les instructions qu'il leur donnoit à l'école. Quels mouvemens ne se
donna t'il pas, lorsqu'il passa par Orleans en 1685. un S. Prêtre nommé Mr
Demia Promoteur de l'Archevêché de
Lyon & Directeur de toutes les Ecoles
du Diocese, ce Prêtre zelé pour la gloire
de Dieu, après avoir salué Monseigneur
nôtre Evêque le pria de trouver bon
qu'il visitast toutes les écoles de Charité
qui étoient établies dans cette Ville,
pour y remarquer tout le bien qui s'y
faisoit, il en fût tres édifié , & comme il
reconnut la vertu de Mr de Bouland, il
s'attacha à luy , pour luy inspirer d'é-
tablir à Orleans, comme il avoit fait à
Lyon, un petit Seminaire , afin de former de bons Maîtres d'Ecoles, cet établissement frappa si fort son imagination

qu'il en conçût le defir, & tacha d'in-
fpirer à plufieurs autres perfonnes de
pieté, de contribuer pour un fi bon établiffement, à cet effet il les affembla plufieurs
fois, dans une maifon, avec la permif-
fion de Monfeigneur nôtre Evêque, ou il
efperoit que les difcours de Mr Defmia
pourroient les engager à entreprendre
ce faint œuvre, qui eft fans doute un
des plus utile qu'on puiffe faire pour la
gloire de Dieu, mais il ne put y reuffir
pendant le féjour que Mr Defmia fit à
Orleans lequel affembla auffi toutes les
Dames vertueufes à qui Dieu à infpiré
le même zele pour les écoles, ou les
filles font inftruites de même maniere
que les garçons. Il leur fit un grand difcours, les exhorta à continuer leur Charité, tâcha de leur en donner les moyens,
leurs infpira de faire tous les ans des
retraites pour reconnoître leurs dé-
fauts, & s'en corriger, rien n'étant plus
capable de nous perfectionner dans la
pratique des vertus Chrétiennes que ces
retraites, afin d'inftruire les autres autant par fon exemple, que par fes paroles. Il leur dit encore de prendre
la même methode pour l'inftruction
des enfans, il fit venir pour ce fujet

rous les Reglemens des Ecoles de Lyon avec un gros balot de livres dont on se sert dans ces écoles, qu'il m'adressa pour leurs distribuer, aussi bien que des images de J. C. crucifié pour attacher à chaque lit des malades pour leur consolation desquelles il y en a encore un grand nombre dans nôtre Hôtel-Dieu.

Ce que Mr de Bouland ne pût faire alors il a tâché plusieurs fois depuis ce tems-là de le faire reussir & auroit souhaité avec ardeur avoir assés de bien pour voir cet établissement avant sa mort. Mais Dieu a reservé cet œuvre pour quelque autre, & nous pouvons dire que sans les miseres que la guerre nous attire, nous aurions bientôt la consolation de voir cet œuvre achevé. On peut dire sans exageration qu'il y a peu de Villes en France ou il ce soit fait plus de saints Etablissemens qu'il y en a à Orleans, depuis vingt-cinq ans, car sans compter l'établissement d'un Hôpital general dont le bâtiment est un des plus magnifique qu'il y ait dans aucune Province par les soins & les liberalités de nôtre tres-illustre Prelat dont les vertus & le merite luy ont attiré la nomination que le Roy a fait de sa personne

pour le Cardinalat au mois d'Aouſt dernier, il y a maintenant quatorze écoles
de Charité dans la Ville & Fauxbourgs,
la plûpart en partie fondées pour ſubſiſter a perpetuité, ſans celles qui ſe font
à la campagne qui ſont en grand nombre & qui ne ſubſiſtent que par les cha-
ritées des perſonnes qui ont du bien dans
ces Paroiſſes & celles d'une autre perſonne de pieté qui prent un ſoin merveilleux pour les faire ſubſiſter depuis
la mort de Mr Perdoux qui a commen-
cé ce ſaint œuvre.

Que j'aurois de choſe a vous dire ſi
je pouvois vous raporter toutes les bonnes œuvres que Mr de Bouland a faites
il a tâché d'en cacher la plus grande
partie, fuyant toujours tout ce qui
pouvoit avoir de l'éclat & luy attirer
des louanges, c'eſt pour ce ſujet qu'il étoit
allé à l'Abbaye de Septfonds afin de ſe
cacher entierement dans ce deſert pour
y faire penitence, il fit dans cette ſainte
maiſon une retraitte de huit jours, & y
auroit paſſé le reſte de ſa vie, ſi ſa ſan-
té & ſes forces luy euſſent permis d'y
reſter, tant il étoit charmé de ces illu-
ſtres Penitens qui font paroître en nos
jours la pieté & les vertus des ſaints

Solitaires de la Thebaide. Qui pourroit
vous exprimer quels furent les foupirs
de fon cœur, quand il fe vit obligé de
retourner en fa patrie, tant il fouhai-
toit que Dieu feul connut fa penitence
& fes autres bonnes œuvres. Neanmoins fa converfion ayant fait beaucoup de bruit parce que les grands
joueurs voyent beaucoup de monde, fes
vertus luy ont attiré l'eftime de tous
ceux qui les ont reconnuës. Les riches &
les pauvres l'ont cheri, honnoré & re-
fpecté en tout lieu, chacun a été fi
perfuadé de la fincerité de fa converfion,
que la calomnie & la raillerie qui atta-
quent ordinairement les plus gens de
bien, lors qu'ils quittent le monde, pour
ne s'attacher qu'à Dieu, n'ont jamais
pu trouver aucun moyen de decrier fon
changement. Auffi fon exemple à plus
touché de perfonnes & converti d'ames à
Dieu, que les difcours les plus éloquens
des Predicateurs. C'eft ce qui a attiré chez
luy plufieurs perfonnes de pieté de diffe-
rens endroits, qui ont tenu à honneur de
demeurer avec lui. Sa maifon étoit comme
un hofpice pour toutes les perfonnes vertueufes qui paffoient par Orleans, lef-
quels fe faifoient un plaifir de le voir.

Il n'y avoit rien de plus simple que son ameublement , mais rien de plus aggreable que la pieté qu'on y voyoit : tout y étoit reglé, les prieres du soir & du matin s'y faisoient en commun, & il recitoit avec ceux qui ont demeuré avec luy tous les jours à heure réglée comme dans un Monastere le petit Office de la Sainte Vierge. Une personne qui a demeuré depuis huit ou neuf ans toujours avec luy ma assuré que ce veritable Serviteur de Dieu, semblable à David, ce Roy qui sert d'exemple à tous les Penitens , non seulement il prioit Dieu sept fois le jour, mais il se levoit toutes les nuits sur le minuit pour gemir & prier l'espace d'une heure , quelque rigueur de froid qu'il fit pendant l'hyver , & lorsque ceux qui couchoient proche sa chambre l'entendoient il leur repondoit que cela ne les mit point en peine, que ce luy étoit une chose necessaire tant il avoit soin de cacher ses bonnes actions, car personne n'entroit dans sa chambre, il la baleioit faisoit luy-même son lit & lavoit à son tour la vaisselle.

Entre les personnes qui ont demeuré avec luy Mr l'Abbé de Selorge fut le premier,

premier, il étoit frere de Mr le Lieutenant General de Montargis & avoit été Exempt des Gardes du Roy ; mais voulant se retirer du monde pour se donner tout à Dieu, il se demit de sa charge entre les mains de Sa Majesté, qui voulant seconder ses pieux desseins luy donna une pension de deux mil livres sur l'Evêché d'Aire. Mr de Selorge vint donc demeurer à Orleans, & s'appliqua avec luy à l'instruction des pauvres : Mais sa santé ne luy permit pas de demeurer plus de deux années ensemble dans ce saint & laborieux exercice, Dieu le retira du monde, & il donna par son testament à Mr de Bouland deux mil livres pour commencer à fonder l'école dans le quartier de Saint Euverte. Il n'a pû toucher de ce don que quinze cent livres, & c'est pour acquitter ce legs qu'il avoit reçû & pour l'augmenter que Mr de Bouland a donné pour commencer à soutenir cette école par son testament Olographe du 17. Juillet 1694. deposé chez Mauduison Notaire la somme de cent livres de rente racheptable de 2400. livres à prendre sur tous ses biens & specialement sur deux maisons qu'il avoit au bas de la

ruë de *Sainte Catherine* afin d'inftruire
foixante pauvres enfans de la Paroiffe de
Saint Euverte : & fi ce nombre ne fe
trouve pas dans la Paroiffe, les pauvres
des autres Paroiffes y feront reçûs.

Aprés tant de bonnes œuvres qu'il a
faites pour fatisfaire à la Juftice de Dieu
pour tous les pechez de fa jeuneffe, il
femble qu'il étoit de la bonté de Dieu,
qui oublie fi volontiers les fautes que
nous avons pleurées, de recompenfer
ce veritable penitent, mais Dieu a voulu encore éprouver fon fidele Serviteur
par une longue maladie, afin d'augmenter la recompenfe que meritoient tous
fes travaux : il a voulu, ce Dieu de mi-
fericorde, qu'il nous fit voir par fon exemple, ce que Saint Paul nous enfei-
gne, que la vertu fe perfectionne dans
l'infirmité. En effet rien n'eft plus admirable que la patience qu'il a fait paroître durant toute fa maladie qui a
duré prés de quinze mois quoy que
tres douloureufe, il ne s'eft point alité,
& perfonne de ceux qui l'aprochoient
ne l'ont jamais entendu fe plaindre,
nonobftant tous les maux dont il étoit
attaqué, tant il étoit foumis aux Ordres
de Dieu. Il eut d'abord une grande perte

de fang par les urines qui a duré plus de quatre mois fans que cela ait pu rien diminuer de fes exercices de pieté & de devotion. Il avoit un feu qui le devoroit au dedans & qui l'affoibliffoit de jour en jour. Un catharre tomba enfuite fur fon vifage qui le defigura fi fort, qu'il n'étoit plus reconnoiffable, fa bouche devint toute decôté, il perdit un œil par la violence du mal, & devint fi aténué qu'il n'avoit plus qu'une fimple peau collée fur les Os. Nonobftant toutes ces infirmitées il alloit tous les jours à l'Eglife entendre la fainte Meffe, affifter aux divins Offices, & recevoir les Sacremens comme s'il n'ût point été malade, c'eft ce qu'il a continué jufqu'à environ quinze jours avant fa mort, fes jambes étant devenuës enflées & fi foibles, qu'elles ne pouvoient plus le porter. Il demeura chez luy dans une chaire auprés du feu, comme une perfonne qui auroit eu une legere incommodité. Tous fes Parens & fes Amis fe firent un devoir de le vifiter, tous le plaignoient le voyant en cét état & luy feul paroiffoit tres - content regardant fes maux comme des moyens falutaires pour devenir heureux dans l'Eternité. Il be-

niſſoit Dieu de ce qu'il penſoit en luy,
& le traitoit avec tant de miſericorde.
L'idée qu'il avoit continuelle de ſes pechez paſſez , luy faiſoit dire qu'il ne
pouvoit jamais aſſez ſouffrir, pour ſatisfaire à la Juſtice de Dieu qu'il avoit ſi
long-tems offencé par un nombre infini
de pechez. Il ne pouvoit ſouffrir qu'on
luy donnât la moindre louange ; mais ſa
joye étoit qu'on luy parlât de Dieu.
L'on peut dire qu'un de ces Mrs qui eſt
reſté le dernier avec luy , luy a rendu
en ce rencontre tous les bons offices
qu'un veritable ami peut rendre à ſon ami,
tantôt il luy liſoit quelque choſe d'un
bon livre & tantôt luy recitoit quelques
verſets des Pſeaumes de David. Cela
l'encourageoit merveilleuſement à faire
ſon ſacrifice s'abandonnant à la volonté de Dieu pour tout ce qu'il vouloit
ordonner ſur luy. Neanmoins il avoit
une tres-grande frayeur des Jugemens de
Dieu, il fremiſſoit quand il y penſoit. Mais
il tachoit de ſe relever auſſitôt, par la
confiance qu'il avoit en la bonté de Dieu
& dans les merites de la Paſſion de
Jesus-Christ. Comme il ſentoit que
ſes forces diminuoient, il voulut la veille
de la Fête de l'Aſſomption de la Sainte

Vierge recevoir l'Augufte Sacrement de nos Autels, fçachant que nous n'avons rien à craindre quand Dieu eft avec nous. Mais fon mal étant tout à fait augmenté, il reçût encore le lendemain le S. Viatique, ou je vous laiffe à penfer qu'elle fut la devotion & la pieté qu'il fit paroître aux approches de fon divin Redempteur, qui venoit pour luy fervir de Guide dans ce grand voyage de la bienheureufe Eternité. C'eft la où il fit paroître tout ce qu'il avoit de foy par les differents actes qu'il produifit, fon amour luy fit rendre toute la reconnoiffance dont il pouvoit être capable, car quoy que fon corps parût tout abbatu, fon efprit neanmoins étoit parfaitement libre, comme il s'affoupiffoit de tems en tems par la violence du mal, il étoit ravi quand on le reveilloit pour ne Penfer qu'à adorer Dieu, & à luy remettre fon efprit entre fes mains, qu'il eft avantageux d'avoir de bons amis dans ce tems ou tous les momens font precieux, puifque l'éternité depend de ce dernier qui finit nôtre vie : ce fut pour le prevenir que ce fidele amy l'avertit que le tems s'approchoit de quitter la terre, qu'il avoit encore des graces a efperer en recevant le dernier de nos Sacrements afin d'avoir de nouvelles forces pour combattre les ennemis de nôtre salut, qui emploient ordinairement toutes leurs rufes & leurs artifices dans ces derniers tems pour nous rendre les compagnons de leurs malheurs. Cet avis ne le troubla pas, au contraire il pria qu'on ne differât pas davantage d'aller avertir fon Pafteur, qui vint auffi-tôt & il reçût avec une fermeté d'efprit ce Sacrement des mourans, repondant luy même, avec une voix ferme, à toutes les prieres qui ce font avant que d'adminiftrer ce Sacrement. Tout rempli de joye des mifericordes que Dieu luy avoit faites & plein d'efperance aux merites de J. C. Son ame fe fepara de fon Corps fans prefque aucune agonie, ce qui eft une grace toute particuliere que Dieu accorde fouvent à fes fideles Serviteurs. Il mourut comme une lampe qui s'éteint fans aucun effort pour aller dans le féjour de la gloire, Ce fut le 17. jour du mois d'Aouft de cette année 1695. que ce fidele Serviteur de Dieu eft forti de ce monde plein de merites & de vertus. Il a voulu même aprés fa mort nous donner encore des marques de fon hu-

milité & de son amour envers les pauvres, ayant ordonné par son testament
d'être inhumé avec eux dans le grand
Cimetiere de cette Ville sans aucune di-
stinction comme un pauvre Artisan, sans
nulle pompe à ses funerailles. Je vou-
drois pouvoir vous exprimer quelle a
été la douleur des pauvres d'avoir perdu un Pere si charitable. Toutes les personnes de pieté en ont été sensiblement
touchez, il n'y a presque eu personne
dans cette Ville qui n'en ait été affligé.
Il y eut un tres-grand concours de peu-
ple à ses funerailles, où il est de ma connoissance qu'il y eut quelques personnes
d'un rang distingué qui le prierent lors
qu'on mit son corps dans la terre de
prier Dieu pour eux afin d'obtenir de
Dieu par ses prieres les mêmes graces
qu'il avoit reçûes, pour vivre comme
luy dans une vraye penitence, & mourir aussi Chrétiennement.

Telle à été la vie de ce serviteur de
Dieu qui depuis sa conversion n'a rien
donné à son plaisir, tout étoit pour son
salut ou pour celuy de son prochain,
heureux si nous pouvions imiter une si
sage conduite, sans doute nous aurions
lieu d'esperer au même bonheur dont

nous croyons que Dieu à bien voulu
le favoriser en le plaçant parmy les Saints
qui regnent avec luy dans le Ciel. Voi-
la M. tout ce que j'ay pu apprendre de la
vie & de la mort de vôtre parent pour
satisfaire à vos justes desirs, & m'acqui-
ter de ce que je n'ay pu vous refuser.

Comme il n'y a rien de plus utile aux
Fideles aprés la lecture de l'Ecriture
sainte que la Vie des Saints ainsi que
nous l'apprenons dans le livre des Con-
fessions de Saint Augustin, lorsqu'il ra-
porte l'Histoire de ces deux Gentils-
Hommes qui se convertirent aprés avoir
lû la Vie de S. Anthoine ce grand Pa-
triarche des Solitaires de la Thebaide.
Le recit de la conversion des grands
pecheurs à encore je ne sçay quoy de
plus fort pour toucher nos cœurs, les
graces extraordinaires dont Dieu les a
favorisé, nous donnent lieu d'esperer
qu'il nous fera la même misericorde, nous
somme ravis d'apprendre la route qu'ils
ont tenuë pour suivre leurs exemples.
C'est pourquoy si vos amis jugent à pro-
pos de donner cette Lettre au Public, j'y
consens volontiers quelque defectueuse
qu'elle soit. Si je n'ay pas reussi comme vous pouviez l'attendre au moins

ſoyez perſuadée que j'ay tâché de ne
rien omettre de ce qui a pû venir à
ma connoiſſance. C'eſt ce que je vous
prie de croire étant avec toute l'affection
poſſible
M.

Vôtre tres-humble Serviteur * * *

d'Orleans le 1. Octobre 1695.

VOus ſerez bien-aiſe de trouver icy
quelques-unes de ſes reſolutions que
j'ay tirée des papiers qu'il a écrits de ſa
propre main qui font une preuve convain-
cante de tout ce que je vous ay écrit de
ſes vertus. Premierement ſur la Meditation
des biens faits qu'il avoit receu de Dieu.
  1. Mes reſolutions ont été à ne point
manquer chaque jour à rendre graces
à Dieu de ſes biensfaits particuliers en
mon endroit. 1. de m'avoir fait naiſtre
Chrétien dans la Religion Catholique,
Apoſtolique & Romaine, & de Parens
tres vertueux qui ont eu ſoin de me faire inſtruire & n'épargner choſe au monde
pour mon education qui m'inſtrui-
ſoient encore plus par leur bon exemple
que par les preceptes qu'ils me don-
noient quoyque j'en aye toute ma vie
abuſé d'ailleurs, les biensfaits particu-

liers de Dieu, de m'avoir delivré du labyrinte du peché enraciné ou j'étois, & de m'avoir miraculeufement tiré du fond des Enfers, & l'abus que j'ay fait jufqu'à prefent de toutes fes bontées : j'ay fait la refolution de ne me plus plaindre de toutes mes peines , au contraire je fouhaitte d'en avoir d'avantage , & de fouffrir tous les mépris, la pauvreté & les afflictions qui me pourroient arriver de fa part ou de celles des hommes, j'ay penfé même d'aller au devant & de les rechercher. Je facrifie à Dieu pour cet effet mon peu de bien, & mon peu de fanté & ma vie ; mais comme ce n'eft que de miferables reftes ; je luy ay facrifié ma volonté toute entiere, qu'il en difpofe & me donne la fienne. *Dirupifti vincula mea tibi facrificabo hoftiam laudis & nomen Domini invocabo.*

2. Au commencement de mon changement de vie je prenois une fatisfaction tres-grande dans la lecture de la guide des pecheurs, comme auffi dans la vifite des pauvres en forte que j'euffe preferé cet employ aux plus belles Charges de la Cour, je fuis encore dans le même fentiment Dieu mercy.

FIN.

APPROBATION.

De Monsieur Groyn Prêtre, Docteur de Sorbonne, Chanoine & Scholastique de l'Eglise & Chancelier de l'Université d'Orleans.

JE soûsigné certifie avoir leu une Lettre ou est descrite, *La Vie de feu Mr Jogues de Bouland*, dans laquelle je n'ay rien remarqué de contraire à la Foy & aux bonnes mœurs ce 23, Novembre 1695.

G. GROYN.

APPROBATION.

Des Docteurs en Theologie de la Faculté de Paris, & Chanoines de l'Eglise d'Orleans.

LA vie qu'à mené Mr Jogues de Bouland depuis sa Conversion, à été si humble, & si penitente, mais en même tems si cachée en J. C. qu'on doit avoir obligation à l'Autheur de s'être donné la peine d'en rechercher les principales circonstances pour les donner au Public dans un petit volume qui a pour Titre *Le Pecheur Converti, ou l'Idée*

*d'un veritable Penitent dans la Vie,
& la Mort de Mr Jogues de Bouland.*
Nous l'avons lû avec édification & bien
loin d'y avoir rien trouvé qui fut contraire à la Foy, & aux bonnes mœurs,
nous avons estimé qu'il pouvoit être
tres-utile, & servir aux Pecheurs de
modele de penitence & même à plusieurs des Fideles d'exemple de pieté, &
de vertu. A Orleans ce 19. Decembre
1695.

MAUDUISON.   ALEAUME.
FONTAINE.

PERMISSION.

*De Monsieur le Lieutenant General au
Bailliage & Siege Presidial
d'Orleans.*

VEU l'Approbation des Docteurs de
la Faculté de Paris, & la Requête
de FRANÇOIS BOYER, Imprimeur du Roy
& de S. A. R. ce consentant le Procu-
reur du Roy, luy avons permis d'Im-
primer. Fait à Orleans ce 14. Janvier
1696.

CURAULT. DE SAINT MESMIN.

www.ingramcontent.com/pod-product-compliance
Lightning Source LLC
Chambersburg PA
CBHW061244050726
47594CB00004B/1360